Unkraut ist
die Opposition der Natur
gegen die Regierung
der Gärtner.

Oskar Kokoschka (1886-1980)

Essen von der Wiese

ausprobiert und empfohlen
von Carola Ruff

Trotz gewissenhafter Bearbeitung kann eine Haftung für den Inhalt nicht übernommen werden. Für aktuelle Ergänzungen und Anregungen ist der Verlag jederzeit dankbar.
Wir bedanken uns bei allen, die uns unterstützt haben.

Impressum

Gerichtsweg 28, 04103 Leipzig
Tel.: 0341 / 493574-0, Fax: 0341 / 493574-40
www.buchverlag-fuer-die-frau.de

Titelfoto: Pixabay.com
Innenfotos: Carola Ruff außer Seite: 53, 57, 67, 71, 79, 83, 89, 95, 99, 101, 105, 111, 117, 119: Lore Jacobi
Einband, Gestaltung und Satz: Lore Jacobi, Jesewitz
Druck: Druckhaus Gera
Bindearbeiten: Müller Buchbinderei GmbH, Leipzig
Printed in Germany

12. Auflage 2023
ISBN 978-3-89798-206-2

Inhalt

Nicht ärgern, genießen!

BSE, Novel-Food, geschmacksneutraler Salat oder Anti-Matsch-Tomaten sind nur ein paar der Un-Worte, die Genießern das Essen vermiesen. Wohl dem, der im Garten wenigstens giftfrei Gemüse, Salat und Kräuter anbauen und sich an ihrem frischen und unverwechselbaren Geschmack erfreuen kann.

Doch auch im Garten Eden herrscht nicht nur eitel Freude. Über Nacht machen sich zum Beispiel gefräßige Schnecken über zarte Salatpflanzen her. Aber auch anderes Getier beteiligt sich ungefragt an der Ernte und mühsam

von Hand aufgezogene Pflänzchen verkümmern im Beet bei zu viel oder zu wenig Sonne und Regen.
Ein Gemüsegarten macht Arbeit. Wer das vermeiden will oder gesunde Abwechslung sucht, muss nicht weit gehen: Direkt vor unserer Nase gedeiht Gesundes und Schmackhaftes, das keinerlei Arbeit macht, das mit dem vorhandenen Sonnenschein und Regen zufrieden ist, das von Raupen oder Maden verschmäht wird und bis zum ersten Schnee fleißig nachwächst.
Entweder übersehen wir es oder stecken viel Zeit und Mühe in seine Vernichtung, nur um eine fröhlich bunte Sommerwiese in

einen eleganten, aber eintönig grünen Rasen zu verwandeln. Dabei erfreuen dottergelber Löwenzahn, strahlend weiße Gänseblümchen, blaublühender Gundermann und andere essbare Unkräuter nicht nur das Auge, sie liefern auch köstliche Gaumenfreuden – ganz umsonst.

Unkraut oder Kulturpflanzenbegleiter, wie sie ökologisch korrekt heißen, sind außerdem viel gesünder als das meiste Gemüse, wie die Vitamin-Bilanz z.B. von Brennnessel und Kopfsalat beweist.

Brennnessel:		Kopfsalat:
Vitamin C	333 mg	13 mg
Vitamin A	8 mg	1 mg
Eisen	41 mg	2 mg
Magnesium	85 mg	15 mg
Kalium	440 mg	214 mg

Viel Spaß beim Sammeln und guten Appetit beim Ausprobieren! Wenn nicht anders angegeben, gelten die Rezepte für vier Personen.

Pflanzenporträts

Brennnessel, Große

(Urtica dioica)

Die 30 cm bis 2 m hohe Pflanze kommt weltweit auf der nördlichen Halbkugel vor. Sie wächst praktisch überall, meist in großen Gruppen und bevorzugt auf stickstoffreichen Böden.

Der vierkantige Stängel ist zäh, die länglichen, herzförmigen Blätter schmecken besser, besonders wenn sie ganz jung sind. Schneidet man die Pflanzen regelmäßig, wachsen sie ständig nach. Beim Kochen verliert sich das unangenehme Brennen, das beim Berühren der Blätter entsteht. Auch die

Samen können gegessen oder im Winter zum Keimen gebracht werden. Die Pflanze enthält ein Nesselgift, das der Harzsäure ähnelt, sowie Gerbstoffe, Essig-, Kiesel- und Ameisensäure, viel Chlorophyll, Carotinoid, Vitamin C, A, K, B_2, Eisen, Kalium und Magnesium. Brennnesseln sind genauso gesund wie Löwenzahn und daher ideal für eine Frühjahrskur. Auch bei Stoffwechselstörungen, rheumatischen Erkrankungen, bei Schuppenflechte und Diabetes wird sie empfohlen. Die Große Brennnessel kann nur mit ihrer kleinen, zierlich feinen Verwandten *(Urtica urens)* verwechselt werden, die nur knapp 50 cm hoch wird,

aber trotzdem viel stärker brennt. Die weißblühende **Taubnessel** *(Lamium album* / siehe Abb. S. 15) brennt dagegen gar nicht. Beide sind ebenfalls essbar, wobei die Taubnessel die wertvollere ist.

Die Taubnessel hilft bei Erkrankungen des Unterleibs, der Atem- und Verdauungswege, bei Blasenleiden, Schlaflosigkeit und – man staune – bei Brandwunden.

Die Germanen weihten die Brennnessel, die vor Blitz und Gewitter schützen sollte, dem Gott Donar. Die Taubnessel galt dagegen zu allen Zeiten als Frauenpflanze. Die Griechen weihten sie einer Liebesgöttin und später wurde sie der Jungfrau Maria zugesprochen.

Gänseblümchen

(Bellis perennis)

Auch Maßliebchen, Tausendschön, Monats- oder Marienblümchen genannt.

Diese kälteresistente Blume kann praktisch das ganze Jahr geerntet werden. Sie kommt überall in Europa auf Wiesen und in Gärten vor, in denen nicht gedüngt wird. Sie ist eine der wenigen Pflanzen, die neben Mineralien und Vitaminen auch Eiweiß enthält. Es gibt kaum eine Erkrankung, die nicht mit ihr behandelt werden kann, da sie die Verdauung fördert und Schmerzen stillt. Auch wirkt sie entzündungshemmend und hilft gegen Sommersprossen.

Gezüchtete Bellis haben weder gesundheitlichen Wert noch schmecken sie.

Das einfache Gänseblümchen dagegen ist ein echter kulinarischer Glücksgriff. Blüten, Knospen und Blätter schmecken roh oder leicht gedämpft und sind im Frühjahr gute Vitaminspender.

Die Germanen weihten die Blume der Frühlingsgöttin Ostara, die dem Osterfest den Namen gab!

Giersch

(Aegopodium podagraria)

Giersch war besonders bei den Griechen geachtet und auch die Germanen schätzten seine Heilkraft. Das auch als Geißfuß oder Dreiblatt bekannte und gehasste Unkraut sollte besser Wunderkraut heißen, so wertvoll ist die Kombination aus gesunden Inhaltsstoffen – vor allem Kalium – und gutem Geschmack. Es unterstützt die Ausscheidung von Harnsäure, lindert gleichzeitig Schmerzen und ist so bei Gicht und Rheuma doppelt hilfreich. Nicht umsonst heißt es auch Zipperleinkraut.

In der Küche wird es wegen seines pikanten Geschmacks sowohl roh

als Salat als auch gekocht in vielen Rezepten eingesetzt. Wer es nicht in seinem Garten hat, sollte trotzdem vor dem Anbau zurückscheuen. Ein winziges Stückchen Wurzel genügt dem Giersch, um sich für immer in halbschattigen Blumenbeeten, unter Bäumen, ja überall auszubreiten. Die Pflanze wird etwa 1 m hoch, die dreigeteilten Blätter sind hell- bis dunkelgrün, die Doldenblüten weiß.

Von April bis Oktober können die Blätter geerntet werden. Der Giersch ist eigentlich unverwechselbar. Trotzdem sollten Neulinge ihn im Bestimmungsbuch mit anderen doldenblütigen Pflanzen, die nicht essbar sind, vergleichen.

Gundermann

(Glechoma hederacea)

Auch Gundelrebe oder Soldatenpetersilie genannt. Dieses Kraut mit den herzförmigen grünen Blättern bevorzugt nährstoffreiche, schattige Böden in Wiesen, Gärten und Wäldern. Von Mai bis Juli blüht es blau oder violett. Die Ranken kriechen am Boden entlang und bilden dabei ganze Teppiche. Gundermann kann mit Knoblauchrauke oder Nelkenwurz verwechselt werden, die zwar nicht wie er nach Melisse riechen, aber auch essbar sind.

Blätter und Blüten enthalten viele Wirkstoffe, die stoffwechselanregend, schleimlösend, harntreibend und wundheilend wirken. Gundermann hilft auch bei schlecht heilenden Wunden.

Wer keinen Garten hat – kein Problem: Wie Vogelmiere wächst auch Gundermann problemlos im Blumentopf. Bei den Germanen war er Bestandteil der Kultspeise „Neunkräutersuppe“, die heute noch in ländlichen Regionen als Gründonnerstagssuppe gegessen wird.

Löwenzahn, Wiesen-

(Taraxacum officinale)

Auch Kuh-, Butter- und Pusteblume, Kettenplösch oder Ringelkraut genannt. 20-50 cm hohe Pflanze mit goldgelben Blüten und Samen, die wie kleine Fallschirme vom Wind fortgetragen werden. So konnte sich der Löwenzahn fast auf der ganzen nördlichen Erdhalbkugel verbreiten.

Die hohlen Blütenstängel und die gezähnten Blätter enthalten einen Milchsaft, dessen bitteren Geschmack Feinschmecker gerade schätzen. Vor der Blüte sind die zarten Blätter genau so gesund, aber nicht bitter, danach schmecken dunkle Blätter bitterer als

helle. Alle Pflanzenteile sind essbar und gesund und enthalten u.a. Inulin, Vitamin B_2, Kieselsäure, Stärke und Carotin und helfen gegen Arterienverkalkung und bei Blutarmut. Außerdem ist Löwenzahn blutreinigend und wassertreibend. In Frankreich heißt er deshalb pisse en lits (Bettnässer).

Löwenzahn wächst gern auf gedüngten Wiesen. Er kann nur mit seinen ebenfalls essbaren Verwandten, dem Pippau und Wiesenbocksbart, verwechselt werden. Die alten Germanen weihten ihn der Liebesgöttin Freya, später galt er als Zeichen für den Löwenmut Christi und Symbol für seinen Tod.

Sauerampfer

(Rumex acetosa)

Diese bis zu 100 cm hohe Pflanze wächst auf feuchten Wiesen in ganz Europa bis in 2000 m Höhe und kann auf ungedüngten Böden auch im Garten angebaut werden. Der Geschmack der saftigen, spießförmigen Blätter ist roh angenehm säuerlich, gekocht erinnert er an zarten Spinat. Wie Rhabarber soll er nach dem 24. Juni, dem Johannistag, nicht mehr in großen Mengen verzehrt werden, da dann auch sein Gehalt an Oxalsäure ansteigt.

Sauerampfer ist reich an Vitamin C, Bitter- und Gerbstoffen, Kaliumoxalat und vielen Mineralien.

Er ist wassertreibend, blutreinigend und hilft bei Hautausschlägen und Blutarmut.
Die alten Römer aßen viel Sauerampfer, damit sie ihre Fressorgien besser vertragen konnten. Schon im Mittelalter schätzten Seefahrer Sauerampfer als Mittel gegen Skorbut!

Vogelmiere

(Stellaria media)

Nette Vogelbesitzer bringen ihrem gefiederten Freund vom Spaziergang gern das grüne, weiche Gewirr übereinander wachsender Stängel und kleiner weißer Blüten mit.

Doch auch für uns Menschen ist das „Power-Grün", das wegen seiner „unordentlichen" Optik auch Hühnerdarm genannt wird, eine wahre Vitaminbombe, von der 150 g den Tagesbedarf an fast allen wichtigen Vitaminen und Mineralien decken! Die Pflanze war schon in der Steinzeit bekannt und wird deshalb als Archäophyt bezeichnet, was „alte Pflanze" bedeutet. Das unverwechselbare

Kraut wächst überall auf der Welt – auch im Blumentopf – und fast das ganze Jahr.

Wegerich, Breit-/ Spitz-
(Plantago lanceolata und Plantago major)

Die Indianer nannten den Breitwegerich „Fußstapfen der Bleichgesichter", da die Pflanze erst mit den Europäern nach Amerika gekommen ist. Der Samen wird in der Tat durch Schuhsohlen, Tierhufe oder Reifen verbreitet. Die Anzahl der

Breitwegerich mit Samenstand und Blättern

Rippen des Breitwegerich dienten früher als Orakel, um die Anzahl zukünftiger Liebhaber oder Kinder zu erfahren.

Die Inhaltsstoffe beider Sorten stärken Bindegewebe und körpereigenes Immunsystem und helfen gegen Erkältungen und Juckreiz nach Mückenstichen.

In der Küche werden die jungen Blätter als Salatbeigabe oder Spinat geschätzt. Die unreifen Samenstände des Breitwegerich erinnern geschmacklich an Spargel, die des Spitzwegerich an Pilze. Beide Wegeriche können nur mit anderen essbaren Wegericharten verwechselt werden.

Tipps für die „Küche von der Wiese“

Verarbeiten Sie nur „Unkräuter“, die Sie sicher kennen, wie die hier vorgestellten, die unverwechselbar sind. Haben Sie aber Geschmack an der Küche mit Zutaten von der Wiese gefunden, lohnt sich die Anschaffung eines Bestimmungsbuches, denn es gibt weit mehr essbare als giftige Pflanzen.
Wer seinen Garten schon so „aufgeräumt“ hat, dass er in der freien Natur sammeln muss, sollte Wiesen an stark befahrenen Straßen und an Bänken, Bäumen oder Laternen meiden, da sich Hunde dort gern „verewigen“.

Blätter erntet man am besten in den kühlen Morgenstunden oder nach Regen, Blüten jedoch bei Sonnenschein. Zum Sammeln im Garten eignet sich ein grobes Sieb, für unterwegs eine steife Papiertüte. Vor dem Waschen das Sammelgut auf Papier ausbreiten, damit Käfer und anderes Getier noch flüchten können. Blüten nur kräftig auspusten, nicht waschen. Sonst schließen sie sich und sehen nicht mehr so schön aus. Alles andere gut waschen, trockenschütteln und möglichst bald zubereiten, ansonsten zwischen feuchtem Küchenpapier lagern.

Blätter, die püriert werden sollen, möglichst klein schneiden, damit sie sich nicht um den Mixstab wickeln. Bei Aufläufen sollte die letzte Schicht nicht aus Blättern bestehen, da sie schnell verbrennen.

Die Blätter- oder Blütenmengen lassen sich am besten mit einer Brief- oder digitalen Küchenwaage bestimmen.

Sind Ihre Lieben eher konservative Esser oder stehen vegetarischen Genüssen abweisend gegenüber, beginnen Sie zuerst mit Gelees und Desserts, dann mogeln Sie fein gehackten Löwenzahn oder Giersch in gemischte Salate oder Aufläufe und verraten die Zutaten von „Unkraut"- Gerichten erst nach der Bitte um Mehr!

Grünes Frühstück

Grüne Brötchen

1/4 l Milch,
125 g Blätter von Giersch,
Gundermann, Löwenzahn, etc.,
500 g Mehl, 1 TL Salz, 1 Päckchen
Backpulver, 100 g Butter

Backofen auf 220 Grad vorheizen. Blätter in Milch pürieren und mit den restlichen Zutaten zu einem geschmeidigen Teig verkneten. Bei Bedarf Mehl oder Milch nachgeben. 20 Brötchen formen, mit dem Messer oben einschneiden, auf einem ungefetteten Backblech 20 bis 25 Minuten backen.

Grüne Käsebrötchen

30 g Hefe, 1 TL Salz, 1 TL Honig
250 ml warmes Wasser,
400 g Vollkornmehl,
200 g Reibekäse, 100 g Löwenzahn- oder Spitzwegerichblätter, fein geschnitten,
1/2 TL Kümmel, gemahlen,
1 EL Milch

Aus Hefe, Salz, Honig, Wasser und Mehl einen Hefeteig zubereiten, gehen lassen. Nach dem Verdoppeln restliche Zutaten einkneten, Brötchen formen, auf ein Blech legen, mit der Milch bestreichen, nochmals gehen lassen und 20 bis 25 Minuten bei 190 Grad backen.

Grüner Frischkäse

je 225 g Joghurt und Frischkäse,
1 TL Dijon-Senf,
1 kl. Hand voll Vogelmiere,
je 10 Gundermann-, Sauerampfer- und Gierschblätter,
alles fein geschnitten,
2 EL Gomasio-Sesam-Gewürz (Reformhaus),
Pfeffer, Salz

Joghurt, Frischkäse und Senf verrühren, Kräuter zufügen und kräftig würzen. Schmeckt auch zu Pellkartoffeln!

Kräuterquark

250 g Sahnequark,
1 EL Zitronensaft,
Pfeffer, Salz,
50 g gemischte Blätter
(Giersch, Löwenzahn, Spitz- und Breitwegerich),
10 Gänseblümchen-Blüten

Quark mit Gewürzen und fein gehackten Kräutern verrühren. Mit Blüten bestreuen.

Kräuterbutter

250 g weiche Butter,
1 Hand voll Blätter von Giersch,
Vogelmiere oder Taubnessel,
fein gehackt, 1/4 TL Salz

Blätter mit der Butter pürieren, salzen und 1 Stunde im Kühlschrank kühlen.

Tipp:
Kräuterbutter lässt sich gut für den Winter in ganz kleinen Portionen einfrieren. Dazu sollte man „gehaltvolle“ Butter verwenden.
Gemüsegerichte schmecken mit etwas Kräuterbutter noch besser.

Löwenzahn-Honig

300 g Löwenzahnblüten,
1 l Wasser, 1 kg Zucker,
1 Bio-Zitrone

Blüten im Wasser 15 Minuten aufkochen. Zitronensaft und Schale zugeben, über Nacht stehen lassen, durch ein Sieb gießen, gut auspressen. Die Flüssigkeit mit dem Zucker unter ständigem Rühren solange immer wieder aufkochen und abkühlen lassen, bis die Masse honigartig zähflüssig wird. In kleine Gläser füllen. Ist der „Honig“ zum Servieren zu zäh geworden, einfach bei 80 Grad in der Röhre wieder schmelzen.

Löwenzahn-Gelee

200 g Löwenzahnblüten,
voll aufgeblüht,
1 l Wasser,
1 Zitrone (unbehandelt),
klein geschnitten,
1 kg Gelierzucker

Vorbereitung der Blüten wie bei Honig. Flüssigkeit mit dem Gelierzucker nach Anweisung aufkochen und in kleine Gläser füllen.

Blätter- oder Blüten-Gelee

1 Liter-Messbecher voll Blätter von Gänseblümchen, Giersch oder Gundermann
oder Blüten von Gänseblümchen oder Giersch (nicht gemischt),
1 l Wasser, 1 Zitrone,
1 kg Gelierzucker

Blätter oder Blüten im Wasser aufkochen, über Nacht stehen lassen, filtern. Zitronensaft und Gelierzucker zugeben und nach Anweisung zu Gelee kochen. In kleine Gläschen füllen.

Salate & Vorspeisen

Pfifferling-Löwenzahn-Salat

als Vorspeise 100 g, als Hauptgericht 250 g Pfifferlinge pro Person und 10 bzw. 20 Löwenzahnblätter nehmen, 4-6 Cocktailtomaten, Pfeffer, Salz, Öl, Essig

Pfifferlinge putzen, klein schneiden, würzen und in Öl knusprig braten. Inzwischen Löwenzahnblätter und halbierte Cocktailtomaten mischen. Das Öl aus der Pfanne mit Essig ablöschen, nachwürzen. Pfifferlinge auf dem Salat anrichten, mit Dressing begießen und Baguette dazu reichen.

Löwenzahnsalat mit gebratenem Ziegenkäse

8 Tomaten, 200 g Ziegenkäse, beides in dicke Scheiben geschnitten,
100 g Löwenzahnblätter, in feine Streifen geschnitten, je 2 EL Mehl und Sonnenblumenöl
Sauce:
3 EL Olivenöl, 2 EL scharfer Senf, Pfeffer, Salz, Essig

Saucenzutaten verquirlen und mit Tomatenscheiben und Löwenzahnblättern vermengen. Käsescheiben in Mehl wenden, in heißem Öl kurz anbraten und zum Salat servieren.

Sommersalat mit Omelette

1 Kopf Lollo Rosso oder Eichblatt-salat, je 10 Blatt Löwenzahn, Spitzwegerich und Giersch, 1 Stängel Kerbel, 1 Bund Frühlingszwiebeln, alles fein geschnitten, 10 Cocktailtomaten, halbiert, 2 EL Pinienkerne, Olivenöl, Salz, Pfeffer

Omelette:

8 Eier, 100 g Käse, gerieben, Pfeffer, Salz, Öl

Salatzutaten locker mischen, Sauce anrühren und über den Salat gießen. Eier mit Käse verquirlen, würzen und in heißem Öl braten.

Tomaten-Gurken-Salat

1 Salatgurke, 400 g Tomaten, 100 g Löwenzahnblätter, in breite Streifen geschnitten, Olivenöl, Essig, Pfeffer, Salz

Gurke und Tomaten waschen, halbieren, Kerne in ein Glas schaben, Rest grob würfeln, alles mit den Blättern vermengen. Gurken- und Tomateninneres mit Essig, Öl und Gewürzen verquirlen und über den Salat gießen.

„Wilder“ Schichtsalat für die Party

Sauce:
200 ml Buttermilch, 100 g Joghurt, 3 EL Essig, 1 EL Senf, scharf, Paprika, Pfeffer

Salat:
je 15 Giersch- und Löwenzahnblätter, 100 g Champignons, alles fein geschnitten, 2 EL Maiskörner (Dose), 1 Knoblauchzehe, fein gehackt, 100 g Zucchini, gewürfelt, je 100 g Karotten und Emmentaler Käse, beides gerieben, 5 EL Sonnenblumenkerne, 20 Gänseblümchen-Blüten

Saucenzutaten verquirlen, kräftig würzen. Alle Salatzutaten lagenweise in eine kleine, aber hohe Schüssel schichten und jeweils mit Sauce begießen. Letzte Lage mit einem Teller o.ä. beschweren und mehrere Stunden im Kühlschrank ziehen lassen. Sonnenblumenkerne ohne Fett goldgelb rösten und zusammen mit den Gänseblümchen-Blüten kurz vor dem Servieren auf den Salat streuen.

Mozzarella-Teller

Pro Person:
12 Löwenzahnblätter,
1 TL Olivenöl,
2 Tomaten, 1 Kugel Mozzarella,
2 EL schwarze Oliven,
evtl. 50 g Salami,
alles in feinen Scheiben,
4 Blatt Basilikum, gehackt,
Olivenöl, Pfeffer, Salz

Teller mit Löwenzahn belegen, mit Olivenöl benetzen. Darauf Tomaten-, Mozzarella-, evtl. Salamischeiben legen, mit Basilikum und Oliven bestreuen. Kräftig würzen, mit Olivenöl begießen. Dazu knuspriges Baguette oder Pizzabrot.

Lauwarmer Kartoffelsalat

*4 Champignons, fein gehobelt,
2 Tassen Brühe, 5 EL Olivenöl,
1 kg Pellkartoffeln, geschält,
in Scheiben, Essig, Pfeffer, Salz,
100 g Parmesan, gehobelt,
100 g Löwenzahnblätter,
2 Scheiben Weißbrot, gewürfelt,
4 EL Cashewnüsse, grob gehackt,
1 EL Öl*

Pilze in Brühe und Öl aufkochen, Kartoffeln zugeben, kräftig würzen, abkühlen lassen. Parmesan mit dem Löwenzahn vorsichtig unter den Salat heben. Brotwürfel und Nüsse goldbraun rösten und über den Salat streuen.

Mini-Quiches

275 g Blätterteig (TK),
1 EL Butter,
1 Zwiebel,
je 50 g Löwenzahn- und
Gierschblätter, fein gehackt,
Salz, 50 g Reibekäse,
150 g Crème fraîche,
2 Eier,
Pfeffer, Salz, Paprika

Blätterteig ausrollen und mit einem Glas 10 cm große Ringe ausstechen. Diese in ein gefettetes Muffinblech drücken und bei 200 Grad etwa 10 Minuten backen. Gehackte Zwiebel und Blätter in der Butter andünsten, salzen. Käse mit Crème fraîche, Eiern und Gewürzen verquirlen, mit den gedünsteten Blättern vermengen und löffelweise in die Teigmulden füllen. Im Backofen bei 180 Grad 30-40 Minuten fertig backen.

Gänseblümchen-Öl

100 Gänseblümchen-Blüten,
5 Gierschblüten, zerteilt,
10 Gundermannblätter,
je 1 TL Salz und Pfefferkörner,
150 ml Olivenöl

Alle Zutaten in eine Flasche füllen und 1 Woche in die Sonne stellen, öfters schütteln. Dann absieben und in eine andere Flasche umfüllen. Die öligen Blüten und Blätter können 1-2 Wochen im Kühlschrank aufbewahrt und Salaten beigefügt werden. Das Öl ist auch ein schmackhaftes Mitbringsel.

Suppen & Saucen

Kalte Sommersuppe

2 Scheiben Toastbrot, Öl,
4 EL Crème fraîche, 10 Blätter
Sauerampfer, fein gehackt
Suppenzutaten:
1 Scheibe Toastbrot, 1 l Tomatensaft, 1 Knoblauchzehe, 1 EL Tomatenmark, 1 EL Zitronensaft, 3 EL Olivenöl, 100 g Sauerampferblätter, 1 Hand voll Vogelmiere, Pfeffer, Salz

Suppenzutaten pürieren, würzen, kalt stellen. Brotwürfel rösten, Crème fraîche mit Sauerampfer verrühren und zur Suppe servieren.

Dinkelcremesuppe

100 g Dinkelmehl,
3/4 l Brühe,
1 Bund Suppengemüse,
100 g zarte Spitz- oder
Breitwegerichblätter,
alles sehr fein geschnitten,
Pfeffer, Salz,
Muskat, 100 ml Sahne

Dinkel etwa 5 Minuten in einem Topf anrösten, dann mit der Brühe aufgießen. Zerkleinertes Gemüse und Wegerich zugeben und etwa 15 Minuten köcheln lassen. Kräftig würzen und kurz vor dem Servieren die Sahne einrühren.

Neunkräuter- oder Gründonnerstagssuppe

2 EL Butter, 1 EL Mehl,
3/4 l Brühe, je 10 Blätter von
Löwenzahn, Gänseblümchen,
Brenn- und Taubnessel, Giersch,
Gundermann, Sauerampfer,
Spitz- oder Breitwegerich und
Vogelmiere,
alles sehr fein gehackt,
Pfeffer, Salz,
100 ml Sahne

Mehl in Butter anschwitzen, mit der Brühe aufgießen, Blätter zugeben und weich kochen, evtl. pürieren, würzen, vor dem Servieren die Sahne unterrühren.

Nesselsuppe

100 g mehlig kochende Kartoffeln, geschält,
100 g Brenn- oder Taubnessel-blätter, fein geschnitten,
1/2 l Brühe,
100 ml Milch,
Salz, Pfeffer, Muskat,
50 ml Sahne

Kartoffeln mit den Nesselblättern in der Brühe weich kochen, pürieren. Milch zugeben, etwas köcheln lassen, vor dem Servieren die Sahne zugeben. Kräftig würzen.

Tipp:

Brennnesselblätterzubereitungen sollten Gicht- und Rheumakranke ebenso zu sich nehmen wie Menschen, die leicht zu Erkältungen neigen. Die Inhaltsstoffe der Brennnessel wirken auf den Stoffwechsel anregend und belebend.

Schwedische Nässelsoppa

250 g Brennnesselstängel, grob gehackt, 1 l Brühe, 2 EL Butter, 1 EL Mehl, 2 EL Sonnenblumen- oder Kürbiskerne, ohne Fett geröstet, grob gehackt, Pfeffer, Salz, 4 Eier, wachsweich gekocht

Brennnesseln in der Brühe etwa 30 Minuten kochen, pürieren. Aus Butter, Mehl und Brühe eine Einbrenne zubereiten, mit den Brennnesseln aufgießen, würzen, mit den Kernen bestreuen.

Pro Person ein Ei auf den Teller geben, Suppe aufgießen, mit Kernen bestreut servieren.

Frankfurter Bio-Grien Soß' zu Kartoffeln und Eiern

1 kg kleine, neue Kartoffeln,
in der Schale gekocht und gepellt,
8 hart gekochte Eier
Sauce:
4 EL Zitronensaft,
600 ml Joghurt,
4 EL Mayonnaise,
500 g möglichst verschiedene
Blätter, außer von Brennnesseln,
fein gehackt,
Pfeffer, Salz

Saucenzutaten verquirlen, kräftig würzen. Längs halbierte Eier und Kartoffeln in der Sauce servieren.

Beilagen & Dips

Breitwegerich-Spargel

Pro Person:
100 g noch grüne
Breitwegerich-Samenstände,
1 TL Butter,
Pfeffer, Salz

Fruchtstände ohne Stängel in Butter weich dünsten, würzen. Mit Sauce Hollandaise oder brauner Butter zu neuen Kartoffeln und Lammkotelett servieren.

Sauerampfer-Gemüse

50 g durchwachsener Speck,
2 Zwiebeln, beides gewürfelt,
1 EL Sonnenblumenöl,
500 g Sauerampferblätter,
1 Kopfsalat,
Pfeffer, Salz,
4 Eier,
4 EL Sahne

Speck- und Zwiebelwürfel in Öl goldgelb dünsten. Blätter und Salat grob hacken und dazugeben, dünsten bis die Blätter zart sind, kräftig würzen. Eier mit Sahne verquirlen und das Gemüse damit binden. Zu Steak oder Kartoffelbrei servieren.

Brennnessel-Spinat

1 kg Brenn- oder Taubnesseln,
2 l Brühe, 1/2 l Milch,
je 3 EL Butter und Mehl,
1/8 l Sahne,
3 Eigelb,
Pfeffer, Salz, Muskat

Gewaschene Blätter in der Brühe etwa 10 Minuten kochen. Kochwasser anderweitig (z.B. für eine Suppe) verwenden, Spinat grob pürieren. Aus Butter, Mehl und Milch eine Einbrenne zubereiten, Spinat zugeben, kurz aufkochen, würzen. Eigelb mit der Sahne verquirlen und den Spinat damit binden.

Bunter Kartoffelbrei

1 Zwiebel, 1 Karotte,
1 Hand voll Blumenkohlröschen,
50 g Zucchini,
50 g Sellerie,
350 g mehlig kochende Kartoffeln,
250 ml Brühe,
150 g Gundermann, Giersch oder Löwenzahnblätter, fein gehackt,
Muskat, Salz, Pfeffer,
1 EL süße Sahne

Gemüse putzen und mit den Kartoffeln in der Brühe dünsten und pürieren. Kräftig würzen und mit der Sahne abschmecken. Blätter unter das Püree ziehen. Zu Steaks, Koteletts oder Gemüsebratlingen.

Grüne Bubenspitzle

(auch Bauchstecherle oder Schupfnudeln genannt)

180 g Vollkornmehl, 60 g Quark, 1 Ei, 4-6 EL Milch, Muskat, Pfeffer, Salz, 50 g Gänseblümchenblätter, sehr fein geschnitten, 1 EL Butterschmalz zum Braten

Mehl, Quark, Ei, Milch, Gewürze und Blätter zu einer geschmeidigen Teigrolle verkneten. Daumenlange Stücke abschneiden und in Schmalz goldgelb braten oder in Salzwasser 2-3 Minuten kochen. Schmeckt gut zu Sauerkraut oder geschmortem Fleisch.

Nessel-Kohlrabi-Gemüse

1 Zwiebel, 200 g Kohlrabi,
beides grob gewürfelt,
100 ml Brühe, 1 EL Vollkornmehl,
250 ml Milch,
300 g Brenn- und Taubnessel-
blätter und -spitzen, grob gehackt,
Muskat, Pfeffer, Salz

Zwiebel und Kohlrabi in der Brühe bissfest dünsten. Mehl in der Milch anrühren und mit den Nesseln dazugeben, ca. 3 Minuten aufkochen lassen. Vor dem Anrichten mit den Gewürzen abschmecken. Das Gericht schmeckt auch mit Giersch oder Löwenzahn.

Blätterpuffer

50 g Haselnüsse, gemahlen,
5 EL Mehl, 2-3 Eier,
350 g Karotten,
200 g Kartoffeln, mehlig kochend,
grob geraspelt,
100 g Giersch oder Löwenzahn-
blätter, fein geschnitten,
1 EL Zitronensaft, Muskat, Salz,
Fett zum Braten

Alle Zutaten zu einem festen Teig verarbeiten, evtl. noch etwas Mehl oder Haferflocken zugeben, sehr kräftig würzen, 10 Minuten quellen lassen und in der Pfanne kleine Puffer knusprig braten. Schmeckt gut zu Salat.

Sauerampfer-Dip

*1 EL Butter, 1 Zwiebel,
fein gewürfelt,
125 g Frischkäse,
50 g Sahnequark,
20 Blätter Sauerampfer,
fein gehackt,
Paprika, Pfeffer, Salz,
evtl. etwas Zitronensaft*

Zwiebelwürfel in Butter dünsten, abgekühlt mit den restlichen Zutaten zu einer nicht zu weichen Creme verrühren. Figurbewusste ersetzen Quark mit Joghurt. Lecker zu Kartoffelchips, Gemüsestangen, aber auch scharf gebratenen Hackfleisch-Röllchen.

Unkraut-Tsatsiki

1 Becher Tsatsiki (500 g),
1 grüne Gurke,
je 10 Blatt Löwenzahn, Giersch
und Spitzwegerich,
1 EL Zitronensaft,
Pfeffer, Salz

Gurke und Blätter fein hacken und mit dem Tsatsiki verrühren, mit Gierschblüten oder -samen dekorieren.

Unkraut-Pesto

*5 Knoblauchzehen,
50 g Pinienkerne, 50 g Parmesan,
alles grob gehackt,
je 10 Blätter von Giersch, Löwenzahn, Spitz- und Breitwegerich,
Gänseblümchen und
Gundermann, 2 Stängel Basilikum, alles fein gehackt,
weißer Pfeffer,
1 TL Salz, 1/4 l Olivenöl*

Alle Kräuter mit den restlichen Zutaten mischen und dann mit dem Öl pürieren. In ein Schraubglas oder – als Geschenk – in kleine Gläschen füllen. Schmeckt gut zu Spaghetti.

Gänseblümchen-Pesto

je 50 g Sesam- und Sonnenblumenkerne, Wasser,
50 g Parmesan, gerieben,
5 Knoblauchzehen,
2 TL Salz,
200 ml Olivenöl,
150 g Gänseblümchenblätter,
10 weitere Gänseblümchenblätter

Sesam und Kerne über Nacht im Wasser einweichen, abgießen und mit den übrigen Zutaten pürieren, einzelne fein gehackte Gänseblümchenblätter unterrühren und in ein Schraubglas füllen. Beide Pesto-Sorten halten sich im Kühlschrank 4-6 Wochen.

Hauptgerichte

Lachs-Löwenzahn-Risotto

400 g Lachsfilet, 4 EL Zitronensaft, 2 Zwiebeln, 3 EL Olivenöl, 400 g Risotto-Reis, 1 l Brühe, 400 g Löwenzahnblätter, fein gehackt, Salz, Pfeffer

Lachsfilet in 2 cm dicke Stücke schneiden und in Zitronensaft marinieren. Zwiebelwürfel in Öl dünsten, Reis zugeben und 6 Minuten rösten. Heiße Brühe zugießen, köcheln lassen. Nach 10 Minuten Lachs und Löwenzahn zugeben und solange dünsten, bis der Reis gar ist. Gut abschmecken.

Grüner Hackbraten

500 g Rinderhack,
400 g Bratwurst,
2 Eier, Muskat, Pfeffer, Salz,
100 g Reibekäse,
1 Tomate, 1 Möhre,
1 Petersilienwurzel,
1 Zwiebel,
5 Oliven,
100 g gemischte Blätter
(Giersch, Gänseblümchen etc.),
2 Blatt Basilikum,
4 Knoblauchzehen,
Semmelbrösel
Außerdem:
1 TL Öl für die Form,
1 Glas trockener Weißwein,
2 EL Tomatenmark

Alle Zutaten zusammen durch den Fleischwolf drehen oder mit dem Stabmixer zerkleinern, mit Semmelbrösel binden, längliches Teigstück formen. In einer gefetteten Kastenform bei 225 Grad etwa 10 Minuten backen. Wein und Tomatenmark verrühren, den Hackbraten damit bestreichen, abdecken und weitere 30 Minuten backen. Setzen lassen, in dicke Scheiben schneiden. Schmeckt gut zu Tomatensalat und Weißbrot oder Kartoffelpüree.

Rinderfilet in grüner Kruste

4 Scheiben Rinderfilet à 150 g,
250 g Blätterteig,
100 g gemischte Blätter
(Löwenzahn, Giersch, etc.),
fein gehackt,
1 Eigelb
Sauce:
10 Gierschblätter, fein gehackt,
1 TL Speisestärke,
250 ml Brühe,
250 ml Rotwein,
Pfeffer, Salz

Teig ausrollen, 4 gleich große Stücke abschneiden, gehackte Blätter jeweils in die Mitte geben. Fleisch würzen, in Öl scharf anbraten, dann auf die gehackten Blätter legen und einpacken. Die Teigtaschen auf ein Backblech legen, mit Eigelb bestreichen und bei 250 Grad fünf Minuten backen, auf 200 Grad herunterschalten, weitere 20 Minuten backen.

Wein und Brühe mit Gewürzen und Giersch aufkochen und so lange einkochen lassen, bis die Flüssigkeit um die Hälfte reduziert ist. Speisestärke mit 1 EL Wasser verrühren und in die kochende Sauce geben.

Nessel-Omelette

<u>Pro Person:</u>
je 15 Brenn- und Taubnessel-blätter, fein gehackt,
2-3 Eier,
2 EL Mehl,
1 Prise Backpulver,
je 3 EL Milch und Sahne,
Salz, Muskat
Fett für die Pfanne

Blätter mit Eiern und restlichen Zutaten verquirlen. Fett in der Pfanne erhitzen, Ei-Mix zugießen und das Omelett bei mittlerer Hitze von beiden Seiten goldgelb braten. Dazu passt Tomatensalat.

Käse-Giersch-Kartoffeln

4 große, längliche Kartoffeln, in der Schale gekocht, gepellt, längs halbiert, 200 g Weichkäse mit Blauschimmel, 50 g Gierschblätter, fein gehackt, 50 ml Milch

4 Kartoffelhälften in eine Auflaufform setzen. Restliche Kartoffeln mit Käse, Blättern und Milch pürieren und über die Kartoffeln streichen. Bei 225 Grad backen, bis sich eine Kruste gebildet hat. Zu diesem „wehrhaften“ Gericht passt neben Salat auch ein Schnaps!

Spitzwegerich-Auflauf

1 Zwiebel,
400 g Zucchini, 3 EL Öl,
100 g Spitzwegerichblätter,
geschnitten,
200 g Brot, in 150 ml Brühe
eingeweicht, Salz,
125 g Magerquark, 1 Ei,
4 EL Haferflocken, 8 Tomaten

Zwiebelwürfel und geraspelte Zucchini im Öl dünsten, Blätter, ausgedrücktes Brot und restliche Zutaten zugeben, kräftig würzen. Auf ein gefettetes Blech streichen, halbierte Tomaten in den Teig drücken. Bei 200 Grad etwa 25 Minuten backen und zu Salat reichen.

Giersch-Quiche

Teig:

*je 150 g Mehl und Magerquark,
2 EL Butter, Salz, 2-4 EL Wasser*

Belag:

*je 150 g Zwiebel und Speck,
100 g gehackte Gierschblätter,
250 g Zucchini, geraspelt,
150 g Magerquark, 2 Eier,
4 EL Mehl, Kümmel, Pfeffer, Salz*

Alle Teigzutaten verkneten und eine gefettete Quicheform damit belegen. Speck- und Zwiebelwürfel dünsten, restliche Zutaten unterrühren, kräftig würzen, auf dem Teig verteilen, bei 170 Grad 25 Minuten backen.

Fladenbrot-Pizza

1 Fladenbrot (450 g),
1 Knoblauchzehe, durchgedrückt,
4 EL Olivenöl, 800 g Tomaten,
Salz, Pfeffer, 20 Löwenzahnblätter,
20 Oliven, 200 g Schafskäse,
gewürfelt

Backofen auf 225 Grad erhitzen. Fladenbrot quer durchschneiden. Innenseiten mit Knoblauch und 1 EL Öl bestreichen. Mit Tomatenscheiben belegen, würzen. 8 Minuten backen. Kurz herausnehmen, mit Löwenzahn, Käse und Olivenringen bestreuen, restliches Öl darüber träufeln und weitere 6-8 Minuten knusprig backen.

Grüner Strudel

250 g gemischte Blätter (Brenn-, Taubnessel, Giersch, Löwenzahn und Wegerich),
2 EL Öl, 1 Knoblauchzehe, fein gehackt,
300 g Strudel- oder Blätterteig (TK), 1 EL Mehl,
150 g Schinkenwürfel,
2 Eier, verquirlt,
100 g Reibekäse,
Pfeffer, Salz,
1 Ei zum Bestreichen

Blätter in einer Tasse Salzwasser kurz aufkochen, gut ausdrücken. Öl in einer Pfanne erhitzen, Knoblauch und Blätter zugeben und wenige Minuten dünsten. Den Teig auf etwas Mehl ausrollen. Schinkenwürfel mit restlichen Zutaten und abgekühlten Blättern vermengen und auf dem Teig verteilen. Vorsichtig aufrollen, so dass eine dicke Rolle entsteht.

Mit verquirltem Ei bestreichen, in eine gefettete Backform legen und etwa 40 Minuten bei 180 Grad backen, bis der Strudel goldbraun ist. Vor dem Anschneiden etwas setzen lassen. Schmeckt gut zu Salat.

Desserts & Kuchen

Schokoladenpudding

100 g dunkle Schokolade,
1 TL Agar-Agar,
2 EL brauner Zucker,
1 TL Vanillezucker,
50 g Gundermannblätter,
300 ml Milch, 100 ml Sahne

Alle Zutaten unter Rühren zum Kochen bringen. Ca. 2 Minuten köcheln lassen, Blätter entfernen, in eine kalt ausgespülte Puddingform gießen. Erkalten lassen, stürzen. Schmeckt solo oder mit kalter Vanille- oder Erdbeersauce.

Süßes Gundermännchen

Boden:
200 g Mürbteigkekse, 100 g Butter
Belag:
je 200 g Vanillejoghurt und Frischkäse,
je 6 EL Zitronensaft und Zucker,
50 g Gundermannblätter,
200 g Sahne, steif geschlagen,
6 Blatt Gelatine, aufgelöst und in 100 ml Milch verrührt

Kekse zerkrümeln, mit Butter verkneten und als Boden in die Form drücken. Belagzutaten verrühren. Sahne und Gelatine zugeben, auf den Keksboden streichen. Im Kühlschrank fest werden lassen.

Birnen-Gundermann-Kuchen

Teig:
200 g Mehl, 1 Msp. Backpulver,
100 g Butter,
2 EL Zucker, 1 Ei
Belag:
500 g saftige, weiche Birnen,
geschält und ohne Kerngehäuse,
5 EL Zitronensaft,
100 ml Sahne,
3 EL Frischkäse,
50 g Gundermannblätter,
2 EL Puderzucker,
4 EL gemahlene Mandeln,
1 EL Puderzucker,
1 EL Speisestärke,
2 Eier

Teigzutaten verkneten, gefettete Form damit auslegen, kalt stellen. Birnen mit Zitronensaft beträufeln und auf den Teig setzen. 10 Minuten bei 200 Grad backen. Gundermannblätter in den restlichen Zutaten pürieren, über die Birnen gießen, weitere 20-25 Minuten backen.

Blüten-Pfannkuchen

160 g Vollkornmehl, Salz,
300 ml Milch,
2 Eier,
20 Gänseblümchen-Blüten,
2 EL Zucker,
2 EL Öl zum Braten

Eier trennen. Eiweiß steif schlagen. Mehl mit Salz, Milch und Eigelb verrühren, Eischnee unterheben. Teig quellen lassen, in eine gefettete Pfanne gießen. Blüten in Zucker wälzen und auf dem Teig verteilen. Pfannkuchen auf beiden Seiten goldbraun braten. Mit Kompott servieren.

Gänseblümchen-Ingwer-Kuchen

100 g Gänseblümchenblätter,
2 Eigelb, 175 g Zucker,
200 g weiche Butter,
200 g Mehl,
100 g kandierter Ingwer,
2 Eiweiß, mit etwas Zucker steif geschlagen

Backofen auf 190 Grad vorheizen. Die Hälfte der Blätter im Eigelb-Zucker-Mix pürieren, Butter und Mehl unterrühren. Ingwer und restliche Blätter grob hacken und mit dem Eiweiß unterheben. Den Teig in eine gefettete Kastenform füllen und 40 Minuten backen.

Schokoladen-Parfait

100 g dunkle Schokolade,
1 TL Agar-Agar,
3 EL brauner Zucker, 2 EL Kakao,
300 ml Milch,
50 g Gundermannblätter,
200 ml Sahne, steif geschlagen

Die Hälfte der Schokolade hacken, beiseite stellen. Rest mit den nächsten vier Zutaten unter Rühren zum Kochen bringen, 2 Minuten köcheln und abkühlen lassen. Dann Gundermann, Sahne und Schokoladeraspeln zugeben. In einer länglichen Form tiefkühlen, stürzen und in Scheiben schneiden.

Bananen-Gundermann-Eis

4 Bananen, 1 Papaya,
geschält und ohne Kerne,
je 1 EL Zucker und Zitronensaft,
50 g Gundermannblätter,
100 ml Sahne, steifgeschlagen

Bananen mit Papaya und den restlichen Zutaten, ausgenommen die Sahne, pürieren, in einer flachen Schale gefrieren lassen, ab und zu umrühren, damit das Eis cremig bleibt. Sahne unter das halbgefrorene Eis heben und fest werden lassen. Schmeckt solo oder mit Schokoladensauce.

Wiesendrinks

Gesundheitstrunk

8 Blätter (Giersch, Löwenzahn, Spitz- und Breitwegerich),
1 Apfel,
1 Möhre,
1/4 Gurke, 2 Tomaten,
Saft einer halben Zitrone,
1 Tasse Wasser,
Pfeffer, Salz

Blätter, Gemüse und Obst waschen, Blüte vom Apfel entfernen. Danach alle Zutaten in den Entsafter geben und dann mit Wasser und den Gewürzen verrühren.

Blütenbowle

je 50 g Gänseblümchen- und Gierschblüten, Saft von 1 Zitrone, je 1 l Apfelsaft und Mineralwasser

Die Blüten über Nacht im Apfel- und Zitronensaft ziehen lassen, filtern, mit Mineralwasser aufgießen. Gut gekühlt servieren.

Giersch-Dudler

je 10 Giersch- und
Gundermannblätter,
1 Stängel Minze,
Saft von 1 Zitrone,
1 l naturtrüber Apfelsaft,
1/2 l Mineralwasser

Blätter in Zitronensaft pürieren, in den Apfelsaft gießen. 4 Stunden kühlen, durch ein Sieb gießen, mit Mineralwasser aufgießen und mit einem Gundermannblatt garniert servieren.

Spitzwegerich-Likör

50 g Spitzwegerichblätter,
1 l Doppelkorn,
Kandiszucker

Blätter mit Doppelkorn übergießen und in einem großen Glaskrug in die Sonne stellen. Wenn sich die Flüssigkeit grün färbt, filtern und mit Kandiszucker süßen.

Schmackhafter Likör, der auch bei Magen- und Darmbeschwerden hilft, sowie wenn eine Erkältung im „Anzug“ ist.

Spitzwegerich-Magenwein

100 g Spitzwegerichblätter,
1 l Weißwein

Blätter mit dem Wein aufkochen, filtern und 3 Monate lang kühl lagern.

Dreimal täglich ein Gläschen des Magenweins hilft gegen Sodbrennen.

Spitzwegerich-Sirup

1 Liter-Messbecher voll Spitzwegerichblätter, Honig

Blätter entsaften, abmessen, mit der gleichen Menge Honig vermengen und so lange köcheln, bis die Masse sirupartig wird. In kleine Gläser füllen.
Eine Messerspitze davon in einem Glas warmer Milch verrührt hilft bei Husten und anderen Erkrankungen der Luftwege.

Rezeptverzeichnis

der literarischen Themen sowie Reise,